La guerre des jumeaux

Sylvie Schmitt

Direction éditoriale : Béatrice Rego
Marketing : Thierry Lucas
Édition : Aude Benkaki
Couverture et conception maquette : Dagmar
Mise en page : AMG
Illustrations : Oscar Fernandez

© 2019, SEJER
ISBN: 978-209-038472-7

© 2019, SANTILLANA EDUCACIÓN, S.L.
Avda. de los Artesanos, 6
28760 Tres Cantos - Madrid
ISBN: 978-84-904-9345-8

Impression : Sepec-Numérique - décembre 2024
N° Impression : N00421241202
N° éditeur : 10307068
Dépôt légal : octobre 2023

DÉCOUVRIR

1. Les personnages

Observe les illustrations de la page 5.

a. Qui est Lili ? Qui est Charlie ?
Écris les prénoms.

1. .... 2. ....

b. Quel est le nom de famille de Charlie et Lili ?
....
c. Comment s'appellent les amies de Lili ?
....
d. Comment s'appellent les amis de Charlie ?
....
e. Comment s'appelle le chien de Charlie et Lili ?
....
f. Où travaillent les parents de Charlie et Lili ?
....

DÉCOUVRIR

2. L'histoire

Observe les illustrations du livre.

a. Vrai ou Faux ?

	V	F
1. Charlie et Lili sont jumeaux.	☐	☐
2. Charlie et Lili se disputent.	☐	☐
3. Charlie et Lili sont au collège.	☐	☐
4. Marguerite et Capucine sont les amis de Max et Léo.	☐	☐

b. Coche les bonnes réponses.

Le chien de Charlie et Lili :
1. est un petit chien. ☐
2. est un chien gris. ☐
3. se promène au parc. ☐
4. joue avec une balle. ☐

PERSONNAGES

Charlie   **Lili**

Charlie est le frère de Lili. Lili est la sœur de Charlie. Ils sont jumeaux, ils sont nés le même jour, ils ont 12 ans. Ils sont au collège.

Les parents de Charlie et Lili
Monsieur et Madame Durand travaillent à la maison.

Otto
Le chien de Charlie et Lili.

Marguerite et Capucine
Les amies de Lili.
Elles ont 12 ans, elles sont au collège.

Max et Léo
Les amis de Charlie.
Ils ont 12 ans, ils sont au collège.

Les amies de Lili n'aiment pas les amis de Charlie.
Les amis de Charlie n'aiment pas les amies de Lili.

CHAPITRE 1 Au collège

Charlie et Lili Durand ont douze ans. Ils sont châtains, ils ont les yeux bleus. Ils ont le même visage. C'est normal, ils sont jumeaux. Lili est une fille, elle a les cheveux longs et Charlie a les cheveux courts, c'est un garçon.

Ils sont en 6e au collège Bergson, à Paris. Dans sa classe, Lili a deux super **copines** : Marguerite et Capucine. Charlie a deux bons **copains** : Léo et Max.

Charlie et Lili **ne s'entendent pas**. Ils se disputent toujours.

Les amies de Lili n'aiment pas les amis de Charlie. Marguerite et Capucine détestent Léo et Max.

Les amis de Charlie n'aiment pas les amies de Lili. Léo et Max détestent Marguerite et Capucine.

Les filles parlent mal aux garçons et les garçons **bousculent** les filles.

La situation n'est pas nouvelle : Charlie et Lili se disputent depuis qu'ils sont petits.

---

copine = *amie* / **copain** = *ami.*
ne pas s'entendre : *ne pas être bien avec une personne.*
bousculer : *pousser.*

CHAPITRE **1** **Au collège**

    Madame Durand, la mère des jumeaux, pense que les enfants ne s'entendent pas parce qu'ils sont très différents :

Lili aime le rouge, Charlie aime le vert.

Lili aime les légumes, Charlie déteste les légumes.

Charlie aime les rollers. Lili déteste les rollers, elle aime la danse classique et Charlie déteste la danse.

Lili aime la musique classique et Charlie déteste la musique classique. Il aime le rap...

Monsieur Durand, le père des jumeaux, ne sait pas pourquoi ils ne s'entendent pas mais il sait une chose : il est fatigué des disputes.

Lili dit toujours : c'est Charlie ! Ah, il est impossible, ce garçon !

Charlie dit toujours : c'est Lili, la méchante !

Il est 10h30, au collège, c'est l'heure de la récréation. Charlie et Lili sont dans le bureau de Madame Fort, la CPE.

– Charlie et Lili Durand, encore et toujours des disputes ! Vous êtes jumeaux et vous êtes comme chien et chat, c'est incroyable !

– Bon... quel est le problème, aujourd'hui ?

– Charlie cache toujours mes affaires. Je cherche mon sac à la récréation et où il est ? Dans les toilettes !

CPE : *Conseiller/ère Principal/e d'Éducation. Personne responsable de la vie et de la discipline dans le collège.*
cacher : *placer un objet dans un lieu secret.*

La situation n'est pas nouvelle : Charlie et Lili se disputent depuis qu'ils sont petits.

CHAPITRE **1** **Au collège**

– C'est vrai Charlie ? demande madame Fort.
– Euh… Oui, mais je cache son sac parce qu'elle est méchante. Ses copines aussi sont méchantes. À la récréation, elles se moquent de Max, Léo et moi. Elles regardent mes amis et elles rigolent !
– Quelles copines ?
– Marguerite et Capucine, elles disent que Max, Léo et moi, on est des idiots.
– Charlie, Léo et Max disent à Marguerite et Capucine qu'elles ont des prénoms de fleurs, qu'elles sont ridicules et moches.
– Ça suffit ! Vous avez quel âge ? 5 ans ? dit madame Fort. Maintenant vous êtes grands. STOP ! Arrêtez les disputes ! Je ne veux plus de problèmes avec vous à la récréation. Sortez vos cahiers de correspondance ! J'écris un mot à vos parents.

---

se moquer : *ridiculiser une personne pour rire de cette personne.*
rigoler (fam.) **:** *rire.*
idiot ≠ *intelligent.*
moche (fam.) ≠ *belle /beau.*

Charlie et Lili sont dans le bureau de madame Fort, la CPE.

COMPRENDRE

1. Coche la bonne réponse.

Trouve le contraire des mots.
- a. Détester :   ☐ préférer   ☐ aimer
- b. Idiot :   ☐ intelligent   ☐ ridicule
- c. Moche :   ☐ méchant   ☐ beau

2. Relie.

- a. Lili aime
- b. Lili déteste
- c. Charlie aime
- d. Charlie déteste

- 1. le vert.
- 2. le rouge.
- 3. les légumes.
- 4. la musique classique.
- 5. le rap.
- 6. les rollers.
- 7. la danse.

3. Vrai ou faux ?

       V   F

- a. Charlie et Lili se disputent depuis qu'ils sont petits. ☐ ☐
- b. Madame Durand pense qu'ils sont ennemis parce qu'ils sont jumeaux. ☐ ☐
- c. Charlie cache le sac à dos de Lili dans les toilettes. ☐ ☐
- d. Marguerite et Capucine aiment Max et Léo. ☐ ☐

COMPRENDRE

4. Entoure.

Marguerite et Capucine ont des prénoms de fleurs.
Entoure la marguerite et la capucine.

5. Réponds.

a. Que disent Charlie, Léo et Max à Marguerite et Capucine ?
Ils disent qu'elles ...

....
....
....

b. À ton avis, pourquoi madame Fort dit : « vous êtes comme chien et chat » ?

....
....
....

CHAPITRE 2 **À la maison**

Charlie et Lili habitent un grand appartement à Paris, près du parc des Buttes-Chaumont.

Ils ont un chien, il s'appelle Otto. Ils aiment beaucoup Otto. Le chien est le super ami des jumeaux.

Charlie joue à la balle avec Otto. Lili donne à manger au chien et il aime s'asseoir à côté de Lili quand elle regarde la télévision.

Les parents de Charlie et Lili travaillent à la maison. Monsieur Durand est traducteur et Madame Durand, architecte. À la maison comme au collège, il y a toujours des problèmes. Charlie et Lili crient, pleurent, ils sont toujours excités. Monsieur et Madame Durand sont **nerveux** parce que l'ambiance n'est pas bonne à la maison et parce qu'ils ont du travail.

***

Aujourd'hui, c'est samedi, c'est le week-end, les jumeaux sont à la maison. Après le déjeuner, Lili

nerveux ≠ *calme*

CHAPITRE **2** **À la maison**

crie dans le couloir, elle est devant la porte de sa chambre, elle appelle sa mère :

– MAMAN, MAMAN, REGARDE !
– Qu'est-ce qui se passe encore ?
– Regarde ! mon poster de danseuse classique !
– Charlie ! Viens ici ! Pourquoi la danseuse a des moustaches et des rollers ?
– Parce que je déteste la danse, c'est pour les filles ! Les rollers, c'est super ! dit Charlie.
– Tu es un idiot, répond Lili. Maman, ce n'est pas juste : il est en roller dans le couloir, il fait du bruit ; impossible de faire mes devoirs d'anglais dans ma chambre !!! Et si je m'installe dans le salon, lui, il va dans ma chambre dessiner sur mon poster !
– Et toi Charlie ? Tu as des devoirs ? demande madame Durand.

– Non, c'est fait ! Lili dit toujours que je suis un idiot. Idiot mais rapide ! Elle pense qu'elle sait tout et qu'elle est super intelligente avec ses copines les fleurs, Marguerite et Capucine !
– STOP !! crie Madame Durand. Calmez-vous !

couloir : *long passage dans la maison pour aller dans les autres pièces (chambres, salle à manger...)*

CHAPITRE **2** **À la maison**

Avec votre père, nous sommes très inquiets. Il y a des problèmes au collège et à la maison. La vie est impossible. Ça ne peut pas durer. Vous n'êtes plus des bébés. C'est grave !

Bon... Allez dans vos chambres et réfléchissez ! Charlie, demain tu achètes un poster de danseuse à ta sœur avec ton argent de poche.

***

Charlie est sur son lit dans sa chambre. Otto rentre dans la chambre et lèche la main de Charlie.

Otto est mon ami, pense Charlie. Il est sympa lui pas comme Lili !

Puis, Otto rentre dans la chambre de Lili, elle est assise sur le tapis. Le chien lèche la joue de Lili.

Quel amour, ce chien ! pense Lili. Il n'est pas horrible comme Charlie.

---

durer : *continuer sur un temps long.*
réfléchir : *penser fort, méditer.*
argent de poche : *les parents donnent l'argent aux adolescents (jeunes de 12 ans à 17 ans) tous les mois ou toutes les semaines.*

COMPRENDRE

1. Coche les bonnes réponses.

a. Dans le couloir Charlie fait :
   1. du roller
   2. de la danse

b. Charlie dessine sur le poster de Lili :
   1. des rollers
   2. des chaussures
   3. des cheveux
   4. une moustache

c. Lili fait des exercices :
   1. de maths
   2. de français
   3. d'anglais

d. Dans le couloir, Lili :
   1. pleure
   2. crie
   3. rigole

2. Réponds aux questions.

a. Où habitent Charlie et Lili ?

....

b. Quel est le travail de monsieur Durand ?

....

c. Quel est le travail de madame Durand ?

....

COMPRENDRE

d. Pourquoi les parents de Charlie et Lili sont inquiets ?

....

....

e. Qu'est-ce que l'argent de poche ?

....

....

f. Qu'est-ce que Charlie achète avec son argent de poche ?

....

3. Qui parle ? Relie.

a. « Charlie ! Viens ici ! Pourquoi la danseuse a des moustaches ? »

1. Madame Durand

b. Il est en roller dans le couloir.

2. Charlie

c. Et toi, tu as des devoirs ?

3. Lili

d. STOP !! Calmez-vous !

e. Tu es un idiot.

f. Elle pense qu'elle sait tout.

Lili a son casque sur la tête, elle écoute de la musique. Charlie regarde son portable.

CHAPITRE 3 — Au parc des Buttes-Chaumont

Aujourd'hui, c'est dimanche. C'est le jour de la grande promenade pour Otto, au parc des Buttes-Chaumont.

– Allez, les enfants ! dit madame Durand, c'est l'heure de la promenade. Otto est impatient !

Il est 10 heures, Charlie et Lili sortent de la maison, ils marchent en silence. Lili a son casque sur la tête, elle écoute de la musique. Charlie regarde son portable. Ils arrivent au parc.

Charlie dit :

– Enlève ton casque ! On ne peut pas parler.

– Parler avec toi ? De quoi ? répond Lili.

– Avec toi, c'est toujours des problèmes, au collège, à la maison, au parc, avec tes copines, les fleurs.

– Ah oui ?! Regarde tes amis ! Ton copain Léo est agressif et Max est ennuyeux, il parle toujours de la

---

enlever : *Lili a son casque sur la tête pour écouter de la musique, elle n'entend pas ; elle doit enlever son casque pour entendre Charlie.*
ennuyeux ≠ amusant

CHAPITRE **3 Au parc des Buttes-Chaumont**

même chose : ses rollers, ses rollers et ses rollers… pfff.

– C'est bon ! Remets ton casque sur la tête ! On ne peut pas parler avec toi !

Pendant ce temps, Otto court devant, enfin libre, sans laisse.

À un moment, à une bonne distance, il voit une jolie chienne noire. Elle tourne à droite, il suit et tourne, lui aussi, à droite. Ils disparaissent tous les deux.

Maintenant Lili cherche Otto. Elle regarde devant, derrière, à droite, à gauche : pas de chien !

Elle demande à son frère :

– Mais où est Otto ?

Charlie regarde autour de lui, nerveux.

Ils appellent : « OTTO, OTTO ! » mais le chien ne revient pas…

Les jumeaux courent devant, à droite, à gauche, ils retournent à l'entrée du parc. Ils crient de plus en plus fort : « OTTO, OTTOOO !!! »

Ils demandent aux gens : « Nous cherchons un grand chien gris. Il s'appelle Otto, vous savez où il est ? »

---

remettre : *mettre deux fois. Lili met son casque, elle enlève son casque, elle remet son casque.*
laisse : *objet pour attacher les chiens. Une personne tient son chien en laisse quand elle se promène dans la rue avec son chien.*

Elle tourne à droite, il suit et tourne, lui aussi, à droite.

– Un grand chien ? Non désolé !, répondent les gens.

Charlie et Lili, tristes et confus, retournent à la maison. Il est 13 heures quand ils arrivent à la maison, en larmes, sans le chien. Monsieur Durand demande :

– Où est Otto ?

– Il est perdu, répond Charlie.

– Comment « perdu » ? demande madame Durand.

– C'est de la faute de Charlie !

en larmes : *ils pleurent.*
perdu : *disparition du chien.*
c'est de la faute de Charlie : *c'est Charlie, le responsable.*

CHAPITRE **3 Au parc des Buttes-Chaumont**

– C'est de la faute de Lili !

– « C'est elle ! », « C'est lui ! », ce n'est pas une réponse, dit monsieur Durand.

– Oui, insiste madame Durand, l'important maintenant, c'est de retrouver Otto. Vous avez des idées ?

– Je téléphone à Léo et Max, dit Charlie.

– Et moi, j'appelle Marguerite et Capucine, dit Lili.

– Oui, demandez de l'aide, c'est une bonne idée, dit monsieur Durand.

COMPRENDRE

1. Vrai ou faux ?

	V	F
a. Otto va au parc le samedi.	☐	☐
b. Lili écoute de la musique avec son casque.	☐	☐
c. Charlie et Lili se disputent au parc des Buttes-Chaumont.	☐	☐
d. Otto suit une chienne blanche.	☐	☐
e. Charlie et Lili rentrent à la maison à 14 heures.	☐	☐

2. Dessine.

Dessine, sur le plan, le chemin d'Otto au parc des Buttes-Chaumont.

COMPRENDRE

3. Réponds aux questions.
a. Que pense Lili de Léo et Max ?

....
....

b. Que font Charlie et Lili pour retrouver Otto ?
- Dans le parc :

....
....
....

- À la maison :

....
....
....

4. À ton avis ?
À ton avis, où est Otto ?

....
....
....

Monsieur Durand demande :
- Qu'est-ce qu'on peut faire pour retrouver Otto ?

CHAPITRE 4 — **À la recherche d'Otto**

Il est 14 heures, Léo, Max, Marguerite, Capucine, Charlie et Lili sont dans le salon.

– Qu'est-ce qu'on fait ? demande Marguerite.

Charlie propose :

– On met une affiche avec la photo d'Otto à l'épicerie face à l'entrée principale du parc.

– Et aussi au collège, dit Léo. Le collège est très près du parc.

– Oui, c'est une bonne idée, commente monsieur Durand.

– On cherche dans le quartier et on retourne au parc des Buttes-Chaumont, dit Max.

– Oui, on demande aux commerçants du quartier, dit Lili.

– Et on met aussi la photo d'Otto sur Facebook, ajoute Capucine.

CHAPITRE **4** **À la recherche d'Otto**

Madame Durand organise :

– Je propose deux équipes filles et garçons ensemble, pour une fois !

Lili, Léo et Max vont à l'épicerie et au collège, mettre des affiches.

Charlie, Marguerite et Capucine, vous allez dans le quartier, vous retournez aussi aux Buttes-Chaumont. Vous demandez aux habitants et vous appelez le chien.

***

Lili et Capucine font l'affiche sur l'ordinateur de madame Durand.

Elles mettent aussi la photo d'Otto sur Facebook.

Léo et Max vont au collège. Ils collent une affiche à côté de la porte d'entrée.

Lili va à l'épicerie en face du parc des Buttes-Chaumont :

– Bonjour Monsieur.

– Bonjour Mademoiselle, qu'est-ce vous voulez ?

– Otto, c'est mon chien… il est grand… il est perdu.

– Ah, c'est triste.

– C'est possible de mettre une affiche ici ?

– Oui, bien sûr !

– Merci beaucoup, Monsieur !

***

CHIEN PERDU
Il s'appelle Otto

C'est un grand chien gris

Tél : 06 56 43 22 31

pauldurand@gmail.com

Lili et Capucine font l'affiche sur l'ordinateur de madame Durand.

Charlie, Marguerite et Capucine marchent dans le quartier, ils sifflent et ils appellent Otto, mais sans succès.

Au parc des Buttes-Chaumont, ils appellent le chien : « Otto ! Otto ! »

CHAPITRE **4** À la recherche d'Otto

Ils interrogent les gens.
Ils demandent à une dame, à un groupe de jeunes, aux enfants... mais ils n'ont pas de réponse.

***

Il est 18 heures, les deux équipes rentrent chez Charlie et Lili. Ils sont fatigués. Les jumeaux pleurent. Les parents, les copains de Charlie et Lili sont tristes et désespérés pour ce pauvre Otto.

Quel horrible dimanche !

COMPRENDRE

1. Complète.

Qui sont dans les deux équipes ?

Équipe 1	Équipe 2
-	-
-	-
-	-

2. Relie.

a. Charlie

b. Lili

c. Max

d. Léo

e. Capucine

1. va dans le quartier pour appeler Otto.
2. colle une affiche au collège.
3. met une affiche avec la photo d'Otto à l'épicerie.
4. met la photo d'Otto sur Facebook.
5. demande aux commerçants du quartier.

COMPRENDRE

3. Réponds.

Réponds aux questions.

a. Qui fait l'affiche ?

....

b. Où vont Max et Léo ?

....

c. Où va Lili ?

....

d. Où vont Charlie, Marguerite et Capucine ?

....

4. Remets dans l'ordre.

Remets le dialogue dans l'ordre.
À l'épicerie

a. – Otto c'est mon chien… il est grand… il est perdu.
b. – Ah, c'est triste.
c. – C'est possible de mettre une affiche ici ?
d. – Bonjour Mademoiselle, qu'est-ce vous voulez ?
e. – Bonjour Monsieur.
f. – Oui, bien sûr !
g. – Merci beaucoup, Monsieur.

Malika court, attrape Otto et tire le chien dans le magasin…

CHAPITRE 5 — Otto le retour

Monsieur Belkacem et sa fille Malika travaillent à l'épicerie, en face du parc des Buttes-Chaumont.

Il est 19 heures, Otto passe tranquillement devant l'épicerie.

Monsieur Belkacem reconnaît immédiatement le chien et il dit :

– Mais, c'est le chien de la photo !

L'épicier appelle sa fille.

– Malika, viens vite ! Attrape ce chien !

– Quel chien ?

– Le chien là, là ! Devant **la boutique** !

Malika court, attrape Otto et tire le chien dans le magasin…

Otto se **précipite** sur la boîte de bonbons sur le comptoir.

Monsieur Belkacem crie :

– Attention Malika ! Attrape le chien, il mange les bonbons !

---

la boutique : *le magasin*
se précipiter : *le chien va très vite sur les bonbons.*

CHAPITRE 5 **Otto le retour**

Malika crie :
– ASSIS, ASSIS le chien !!
Otto s'assoit.
– Il est gourmand ce chien, dit monsieur Belkacem.
– Oui, mais regarde comme il est mignon ! répond Malika.
Puis, monsieur Belkacem appelle le numéro de portable écrit sur l'affiche :
– Allô, bonjour, vous êtes monsieur Paul Durand ?
– Oui, vous êtes qui ?
– Je suis monsieur Belkacem, l'épicier. Mon épicerie est en face du parc et votre chien est dans mon magasin.
– Génial ! Otto est avec vous !!
– Oui, oui, il est là !
– Écoutez, nous arrivons tout de suite.
– Venez vite ! Parce que j'attends pour fermer ma boutique.
– Oui, bien sûr, nous arrivons !
Tous écoutent avec attention. Les jumeaux et les amis sautent dans le salon, ils s'embrassent.
Monsieur Durand dit alors :
– Allons les enfants ! Allons vite chercher le chien !

gourmand : *le chien aime manger des aliments sucrés.*
mignon : *gentil et joli.*

- Alors Otto, c'est la révolution ?
Tu es libre, tu vas où tu veux, comme un grand ?

Ils arrivent dans l'épicerie. Otto saute sur Charlie et Lili, il est content.

Monsieur Durand parle au chien :

– Alors Otto, c'est la révolution ? Tu es libre, tu vas où tu veux, comme un grand ?

Le chien aboie : Wouaf, Wouaf…

– Oui, mon chien ! Mais ce n'est pas bien de partir comme ça ! répond Charlie.

– Il est drôle ce chien, dit Malika.

– Et c'est un beau chien, ajoute monsieur Belkacem.

CHAPITRE **5** **Otto le retour**

– C'est un lévrier irlandais, répond Charlie.

Puis, monsieur Belkacem raconte l'histoire du chien qu'il trouve devant le magasin… et il ajoute :

– Maintenant, il est là… Excellente idée cette affiche !!

La famille Durand remercie monsieur Belkacem et Malika. Ils ramènent ensuite le chien à la maison. Otto est content d'être chez lui, il aboie, il saute sur Charlie et Lili.

– Bon ! Le chien va bien, il est enfin là ! C'est l'essentiel ! dit monsieur Durand.

– Oui, enfin… ouf ! ajoute madame Durand.

Puis elle demande :

– Les jeunes, est-ce que vous dînez avec nous ?

– Après je vous raccompagne, dit monsieur Durand, mais d'abord, appelez vos parents pour demander l'autorisation.

Les parents de Marguerite, Capucine, Max et Léo sont d'accord.

Monsieur et Madame Durand préparent le repas. Les enfants mettent la table, puis discutent dans le salon. L'ambiance est joyeuse.

« À table ! » crie Madame Durand.

Tout le monde s'assoit autour de la table.

mettre la table : *ils mettent, les assiettes, les verres, les fourchettes… sur la table.*

- Levons nos verres ! À l'amitié !

Monsieur Durand se lève et dit :
- Bravo les jeunes, vous formez une super équipe !
- Levons nos verres ! À l'amitié ! ajoute madame Durand.
- Oui et puis aussi à Otto ! propose Charlie.
- Vous voyez, quand on s'entend bien, dit monsieur Durand, on peut faire de grandes choses. Fini les disputes, les enfants !
- Oui, c'est fini ! répond Lili.
Léo lève à nouveau son verre et dit :
- Un pour tous !
- Et tous pour un ! répond Max.
Et Charlie termine par :
- L'union fait la force !

COMPRENDRE

1. Remets dans l'ordre.
Remets les événements dans l'ordre.
a. Monsieur Belkacem reconnaît immédiatement le chien.
b. L'épicier appelle sa fille.
c. Monsieur Belkacem et sa fille Malika travaillent dans l'épicerie.
d. Malika court, attrape Otto et tire le chien dans le magasin…
e. Il est 19 heures, Otto passe tranquillement devant l'épicerie.

2. À ton avis ?
Quel petit mot utilise-t-on quand on téléphone ? :

....

3. Qui parle ?
Qui parle ? Écris le nom de la personne.
a. Venez vite ! Parce que j'attends pour fermer ma boutique.

....
b. Oui, oui, il est là !

....
c. Écoutez, nous arrivons tout de suite chercher Otto !

....
d. - Génial ! Le chien est avec vous !!

....

COMPRENDRE

4. Coche.

Coche les bonnes réponses.

a. Quand le chien rentre dans l'épicerie :
   1. Il saute sur monsieur Belkacem. ☐
   2. Il aboie. ☐
   3. Il mange des bonbons. ☐
b. Malika trouve le chien :
   1. drôle ☐
   2. mignon ☐
   3. gourmand ☐
c. Monsieur Belkacem trouve le chien :
   1. gourmand ☐
   2. beau ☐
   3. mignon ☐

5. Réponds.

Réponds aux questions.

a. Où est l'épicerie de monsieur Belkacem ?

   ....

b. Quelle est la race du chien ?

   ....

DISCUTER

1. À ton avis...

a. Pourquoi les frères et les sœurs se disputent ?
b. Pourquoi les ami(e)s se disputent ?
c. Les jumeaux sont-ils différents ?

2. Imagine...

Tu perds ton animal, que fais-tu ?

3. Parle...

a. Dans cette histoire, le papa et la maman travaillent à la maison. Et chez toi, c'est comment ? Raconte.
b. Comment est ton quartier ? Quels sont les commerces ? Est-ce qu'il y a un parc ?
c. Que pensent les filles des garçons et les garçons des filles ?

CORRIGÉS

Pages 3-4

1. a. 1. Charlie - 2. Lili / **b.** Durand / **c.** Marguerite, Capucine / **d.** Max, Léo / **e.** Otto / **f.** à la maison
2. a. 1. V / 2. V / 3. V / 4. F
b. 2 / 3 / 4

Pages 12-13

1. a. aimer / **b.** intelligent / **c.** beau
2. a. 2, 3, 4, 7 / **b.** 1, 5, 6. / **c.** 1, 5, 6 / **d.** 2, 3, 4, 7.
3. a. Vrai. **b.** Faux. **c.** Vrai. **d.** Faux.
4. c. la marguerite. **b.** la capucine.
– Ils disent qu'elles ont des prénoms de fleurs, qu'elles sont moches et ridicules.
5. « *Comme chien et chat* » : le chien et le chat habitent la même maison mais se disputent toujours.

Pages 20-21

1. a. 1. / **b.** 1. 4. / **c.** 3/ **d.** 2.
2. a. Ils habitent un grand appartement près du Parc des Buttes-Chaumont. **b.** Monsieur Durand est traducteur. **c.** Madame Durand est architecte. **d.** les parents de Charlie et Lili sont inquiets parce qu'il y a des problèmes au collège, à la maison la vie est impossible et ils ne sont plus des bébés, ça ne peut pas durer. **e.** *L'argent de poche* : les parents donnent de l'argent tous les mois ou toutes les semaines aux adolescents. **f.** Charlie achète un poster de danseuse.
3. 1. a. c. d / **2. f.** / **3. b.** e.

Pages 28-29

1. a. Faux / **b.** Vrai / **c.** Vrai / **d.** Faux / **e.** Faux
2. Otto va tout droit et tourne à droite.
3. a. Lili pense que Léo est agressif et que Max est ennuyeux, il parle toujours de rollers.
b. *Dans le parc* : Ils appellent le chien. Ils courent dans le parc, ils vont à droite et à gauche. Ils retournent à l'entrée du parc. Ils demandent aux gens.
À la maison : Charlie téléphone à Léo et Max et Lili téléphone à Marguerite et Capucine pour demander de l'aide.

47

CORRIGÉS

Pages 36-37

1. *Équipe 1* : Lili, Léo et Max.
Équipe 2 : Charlie, Marguerite et Capucine.
2. a. 3 / b. 5 / c. 1 / d. 2 / e. 4
3. a. Lili et Capucine font l'affiche.
   b. Max et Léo vont au collège pour mettre une affiche sur le tableau d'affichage.
   c. Lili va à l'épicerie mettre une affiche.
   d. Charlie, Marguerite et Capucine, vont dans le quartier et au parc des Buttes-Chaumont.
4. e / d / a / b / c / f / g

Pages 44-45

1. c / e / a / b / d
2. Allô !
3. a. Monsieur Belkacem / b. Monsieur Belkacem / c. Monsieur Durand / d. Monsieur Durand.
4. a. 3 / b. 1.2 / c. 1.2
5. a. L'épicerie de Monsieur Belkacem est en face du parc des Buttes-Chaumont.
   b. Le chien est un lévrier irlandais.

48